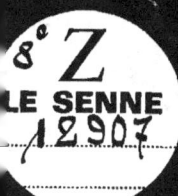

LA
VÉNUS DE MILO

DOCUMENTS INÉDITS

PAR

C.^h DOUSSAULT

ARCHITECTE

Prix : 1 fr. 5o c.

PARIS
PAUL OLLENDORFF, ÉDITEUR
28 *bis*, RUE DE RICHELIEU

1877
Tous droits réservés.

LA VÉNUS DE MILO

ÉVREUX, IMPRIMERIE DE CHARLES HÉRISSEY.

LA
VÉNUS DE MILO

DOCUMENTS INÉDITS

PAR

C. DOUSSAULT

ARCHITECTE

 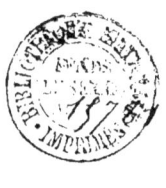

PARIS

PAUL OLLENDORFF, ÉDITEUR

28 *bis*, RUE DE RICHELIEU

1877

Tous droits réservés.

LETTRE A M. GASTON HIRSCH

Mon cher Hirsch,

Dernièrement en regardant chez moi les dessins et les notes recueillis à Athènes sur la découverte de la Vénus de Milo, vous vous étonniez de mon silence en face des discussions passionnées des archéologues et des artistes au sujet de cette curieuse trouvaille.

Je ne puis que vous louer de l'intérêt que vous prenez à ces controverses auxquelles je suis loin d'être indifférent.

Quand M. Aicard a publié son étude sur la Vénus de Milo, sans avoir l'honneur de le connaître, je lui ai fait part des documents curieux que je possédais; malheureusement, j'arrivais trop tard, son siége était fait.

Il me répugne de prendre parti dans ce débat, où je rencontre les noms justement autorisés de

Quatremère de Quincy, du comte de Clarac, de MM. Adrien de Longpérier, Ravaisson et autres; mais je crois avec vous que c'est un devoir pour un artiste de publier des documents qui peuvent dans une certaine mesure éclairer la question.

Je ne trouve rien de mieux que d'emprunter à la lettre que j'adressais à M. Aicard l'histoire de mes relations à Athènes avec notre consul à Milo, M. Brest, qui le premier a vu dans son souterrain la belle Vénus; j'y ajoute quelques renseignements puisés dans mes conversations avec notre ministre de France à Athènes, M. Piscatory. Avec l'autorité que donnent une organisation artistique exceptionnelle et un amour éclairé de l'art grec, il me racontait à son retour en France ses conversations avec M. Brest et l'insistance quelque peu comique de notre consul à vouloir imiter la pose de la Vénus, pour mieux lui expliquer sa certitude à ce sujet.

Plusieurs de mes amis m'ont fait comme vous un crime de mon silence et m'ont décidé à mettre fin à cette longue négligence.

Paris, juillet 1877.

C. DOUSSAULT,
ARCHITECTE,
4, rue de Bruxelles.

LA VÉNUS DE MILO

L y a déjà longtemps, c'était en 1847, je reçus à Athènes un billet de la légation de France, ainsi conçu :

« Venez donc demain, libre ou non, déjeuner avec nous à Patitia. — Vous aurez votre couvert mis à côté de M. Brest, notre consul à Milo, le premier qui a *vu* sur son piédestal antique la belle Vénus. »

Je me gardai bien de manquer à un tel rendez-vous... Il y avait à ce déjeuner des diplomates, des élèves de l'école de France, des touristes, et le pauvre M. Brest eut à répondre à un tel concert de questions que ma curiosité ne pouvait être satisfaite après cette première entrevue.

M. Brest était alors un vieillard de soixante-dix

ans environ ; cédant au désir que je lui témoignai d'être seul avec lui, afin de mettre plus d'ordre dans mes questions, il eut la bonté de me promettre de venir me voir le lendemain.

A la suite de cette seconde entrevue, je savais déjà que la Vénus avait été trouvée au fond d'un hémicycle mesurant deux fois environ sa hauteur, et de quatre mètres de diamètre; que du côté droit adossés au mur, et un peu espacés, se trouvaient deux Hermès, et du côté gauche un seul.

Je passai le reste de ma journée à disposer d'abord *un plan parterre* des lieux décrits par notre consul, puis une élévation en coupe transversale du temple et de l'hémicycle. J'avais à ma disposition, à la légation de France, une réduction de la Vénus; je la dessinai à l'endroit indiqué, et, muni de mes dessins, je me rendis au nouveau rendez-vous donné par M. Brest.

Je dois faire observer tout d'abord que M. Brest est en désaccord avec le comte de Clarac dans son étude sur la Vénus de Milo.

Le comte de Clarac, d'après le récit de M. Duvald'Ailly, officier de marine, qui vit aussi la Vénus presque au moment de sa découverte, dit qu'elle était dans une niche de quatre pieds de largeur, et ne dit pas que la voûte en fût sphérique. Les dessins soumis par moi à l'approbation de M. Brest, qui en a reconnu l'exactitude, ne me permettent guère de supposer une erreur de sa part.

« C'est bien cela, me dit M. Brest, après avoir attentivement regardé mes dessins... Je vous dirai plus tard ce qu'il faut ajouter ; vous m'avez demandé l'histoire de la découverte de notre Vénus, la voici :

« Un jour, c'était en 1820, un paysan de Milo, nommé Georges, travaillant dans son champ sur la pente de l'ancienne citadelle, où il avait déjà recueilli de nombreux fragments de marbres antiques, arracha une touffe de lentisques et vit avec étonnement les pierres et le sable s'engouffrer dans l'ouverture béante faite par les racines de l'arbuste arraché. Il regarda avec curiosité dans ce trou, et vit ce qui lui parut un souterrain habité par de grandes figures blanches. Effrayé, il vint en courant me trouver, me raconta son aventure et me dit, avec un sérieux comique, qu'il venait de voir des *fantômes blancs* dans une caverne.

« Me doutant bien de quelque découverte curieuse, j'y courus aussitôt avec lui, et constatai la présence de plusieurs statues dans une espèce de crypte souterraine.

« J'encourageai fortement Georges à continuer ses fouilles, et mis mon jardinier comme terrassier à sa disposition pour activer ce travail.

« Nous ne tardâmes pas à découvrir les substructions d'un édifice rectangulaire de petites dimensions.

« Je fis immédiatement procéder au déblaiement. Le temple (ou la crypte) que nous découvrîmes, était envahi par l'éboulement des terres supérieures du terrain en pente de la citadelle, au rocher de laquelle il était adossé, et l'hémicycle qui le terminait, et dont la voûte avait résisté, était resté presque intact, protégeant ainsi miraculeusement l'immortel chef-d'œuvre de l'art grec.

« Je conseillai alors à Georges de mettre en lieu sûr tous les fragments de sculpture de nature à pouvoir être emportés. Je m'aperçus que la Vénus se composait de deux morceaux superposés que nous pouvions facilement déplacer, et le soir même la partie supérieure était en sûreté chez son nouveau propriétaire.

« La Vénus, au moment de la découverte (Pl. I), était debout sur un socle carré, uni, sans moulures, d'environ quatre-vingts centimètres de haut. Les deux bras *gisaient sur le sol aux pieds de la statue :* l'un fléchi tenait une pomme, et sur cette pomme il y avait des traces de peinture... »

— Quelles couleurs, demandai-je alors avec empressement ?.. — « Dame ! *couleur de pomme,* me répondit naïvement le consul. »

Cette pomme n'indiquait-elle pas surabondamment et la pose et le sujet, une Vénus Victrix après le jugement de Pâris, ce qui exclueraient, ainsi que l'exiguité du socle et de la plinthe, l'idée d'une seconde figure, comme le suppose M. Quatremère de Quincy ?

La Vénus de Milo.

Il manque un morceau important de l'un des deux bras; M. Brest affirmait les avoir vus séparés du tronc, mais entiers, et en avoir essayé l'ajustement. Était-ce une erreur? sa mémoire n'était-elle pas bien précise après un aussi long temps? ce fragment a-t-il été perdu ou enseveli sous les décombres? voilà des questions multiples à étudier.

« Plus tard, ajouta M. Brest, nous avons essayé d'ajuster ces bras aux tenons encore visibles sur la statue, et nous avons acquis la conviction que le bras gauche fléchi tenait la pomme, tandis que l'autre allongé retenait la draperie... Les Hermès, d'inégale grandeur, étaient à peu près intacts sur leurs socles. Le sol était jonché de figurines, de têtes, de bras, de jambes; d'autres fragments étaient encore pendus à des clous enfoncés dans le stuc rouge de l'hémicycle, à la façon des ex-voto de nos madones. J'ai entendu supposer que la Vénus, aux premiers siècles de l'ère chrétienne, avait peut-être pu être l'objet d'un culte de la Vierge. »

J'ai montré à M. Brest un fragment de stuc brun rouge, trouvé par moi dans les débris de l'hécatompédon à l'acropole d'Athènes; il m'a dit que cet enduit lui paraissait semblable à celui de l'hémicycle du temple de la Vénus.

Je priai alors M. Brest de vouloir bien, avec un crayon que je lui présentai, dessiner ou marquer la place des bras sur le sol et celle des fragments; mais il était tellement étranger à l'art du dessin, que ses coups de crayon maladroits n'ont qu'une valeur relative; j'ai cependant conservé avec soin ces documents (Pl. II). Je crois que ces souvenirs d'un témoin *oculaire*, étranger aux polémiques de nos savants, sont appelés à éclairer bien des questions.

— Que sont devenus les fragments si nombreux dont vous me parlez? demandai-je à M. Brest...
— « Mais, me répondit-il, je crois qu'ils ont été perdus ou volés!... je les ai fait emballer avec soin, et les dix-sept caisses qui les contenaient ont été déposées par moi à bord d'un navire de guerre français qui faisait route pour Toulon.
« On ne m'en a jamais accusé réception, et jamais depuis, je n'en ai entendu parler... »

Je n'insiste pas sur l'intrigue qu'il me raconta, et qui faillit nous ravir notre chef-d'œuvre; l'opposition violente du prêtre grec, du dimarque et des primats de Milo; la lutte, au moment de l'embarquement; tous ces faits sont déjà connus. Il mêla à son récit une seconde intrigue, celle d'un agent anglais; mais pour moi l'intérêt était épuisé, et je ne voulus pas fatiguer outre mesure de mes questions un vieillard qui n'apportait pas dans cette affaire un intérêt égal au mien.

Mon insistance porta surtout sur la pose présumée

des bras : j'en retrouve la trace dans mes notes que je viens de résumer.

Au moment de la découverte et de l'apparition de la Vénus, ELLE ÉTAIT SANS BRAS... Cette affirmation de M. Brest détruit les affirmations postérieures. Il est tout naturel de penser que le caloyer et les gens de la coterie grecque ont pu ajuster, sceller momentanément ces bras à la statue par des moyens maladroits, dans la pensée de donner une plus grande valeur commerciale à leur acquisition, et que ces bras mal assujettis ont dû tomber à terre pendant la lutte de l'embarquement.

Je n'infirme rien de ce qui a été écrit sur cette matière, je présente seulement des documents nouveaux ; c'est par de semblables études que chacun de nous peut apporter sa pierre à cet édifice historique d'un si grand intérêt.

Je m'accuse humblement d'avoir tant tardé à dire ce que je savais sur cet événement considérable. M. Brest est mort, et j'aurais dû depuis longtemps communiquer à une revue ou à un journal ces renseignements; le manque d'habitude d'écrire, l'idée de soulever une polémique passionnée, et, l'avouerai-je, une certaine paresse m'en ont empêché jusqu'à ce jour.

J'ajouterai que quelques années plus tard, de retour en France, je fis part de cette conversation de M. Brest à un de mes amis, M. Adrien de Longpérier, du musée des antiques, et lui demandai ce qu'étaient devenues les dix-sept caisses envoyées à Toulon par M. Brest...? Il me répondit : « Les Hermès sont au Louvre, au dépôt des marbres... — Et les bras, pourquoi ne les a-t-on pas restitués ? — Nous ne possédons, me répondit-il, que deux fragments du bras gauche; tout l'avant-bras manque, et on n'a pas jugé à propos de faire une restauration à une si belle statue. »

Le nom de M. de Longpérier avait une telle autorité à mes yeux que je n'insistai pas davantage, et j'acceptai comme concluante cette réponse à mes questions.

Cependant, si on admet une restauration postérieure après un désastre quelconque, il faut admettre aussi que l'artiste, employé à cette restitution, avait les documents nécessaires, et tout au moins la tradition première? alors l'attitude et la pose des bras ne sont plus discutables. Quoi qu'il en soit, devant l'affirmation de M. Brest, le doute n'est plus permis; la question est jugée. — De même, l'exiguïté du socle et de la plinthe, comme il a été dit plus haut, détruit absolument toute idée d'une seconde figure placée à côté de la Vénus Victrix et formant groupe avec elle.

En fait de restauration, il serait plus intéressant pour l'art de restituer l'hémicycle de la Vénus en se servant des documents que nous possédons, et de ceux qu'il serait peut-être possible de recueillir à Milo. Avec les moulages du musée, les Hermès et les nombreux fragments envoyés de Grèce par M. Brest, nous pourrions revoir la Vénus telle qu'elle apparut au premier jour de sa découverte. Ce serait compléter ces études comparatives dont M. Ravaisson a eu l'heureuse idée.

Nous n'avons que des renseignements sans autorité sérieuse sur les ruines de l'édifice où la Vénus fut découverte. Le comte de Clarac pense que l'édifice n'était pas antique; or, pour celui qui a étudié la Grèce, il est impossible de se méprendre sur la nature de l'appareil des belles époques de l'art grec et de le confondre avec celui de l'époque romaine.

Voilà des questions archéologiques qu'il faudrait élucider; je souhaite donc qu'une voix plus autorisée que la mienne les recommande à l'attention de la commission des Beaux-Arts.

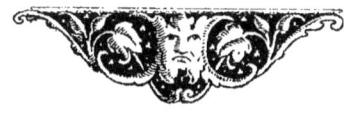

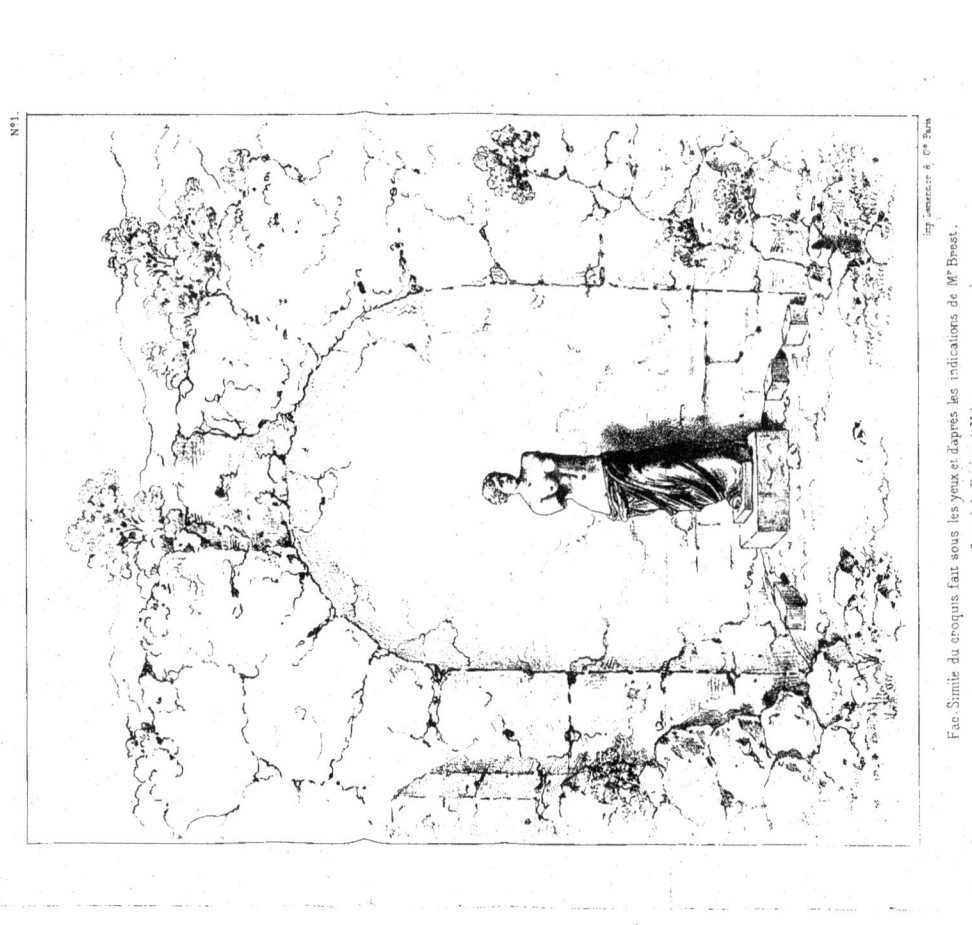

Fac-Similé du croquis fait sous les yeux et d'après les indications de M. Brest,
Consul de France à Milo.

8° Z Le Senne
12907

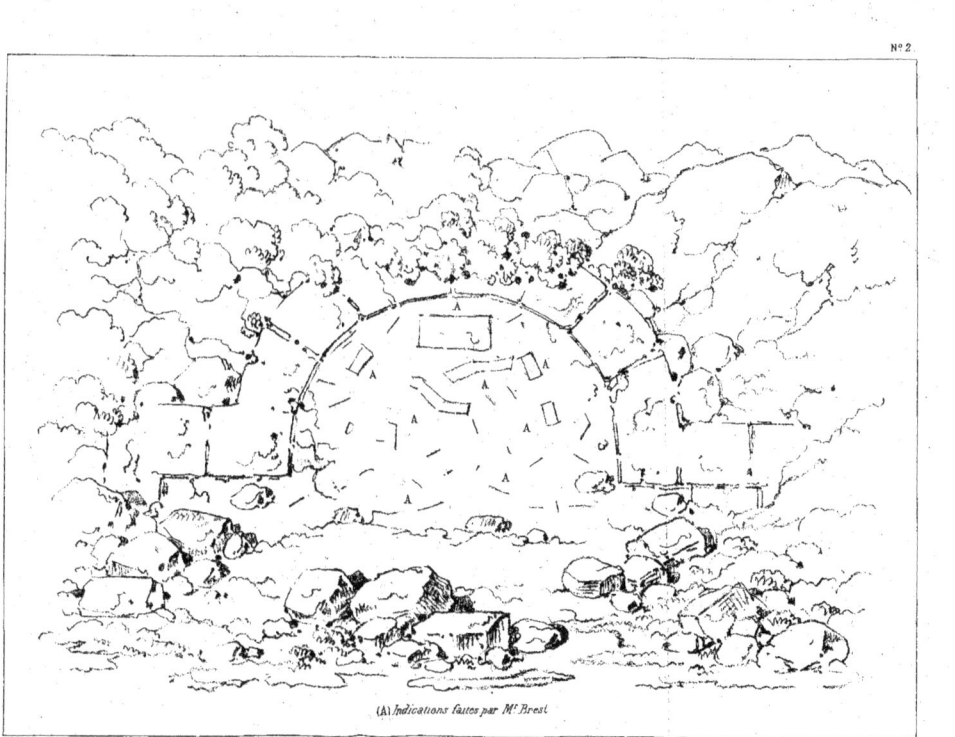

(A) *Indications faites par Mr Brest*

Fac-Simile du croquis fait sous les yeux de Mr Brest, avec ses indications sur l'emplacement des figures et des fragments dans l'hémicycle.

8° Z Le Senne 12907

LIBRAIRIE PAUL OLLENDORFF
28 bis, rue de Richelieu, Paris.

THÉATRE DE CAMPAGNE
(Première série)

Avec une Préface de Ernest Legouvé, de l'Académie française

CONTENANT DES COMÉDIES
DE
ERNEST LEGOUVÉ, HENRI MEILHAC, HENRI DE BORNIER, ERNEST D'HERVILLY,
JACQUES NORMAND, PROSPER CHAZEL, CHARLES EDMOND

Un volume in-18 jésus. Prix : 3 fr. 5o.

THÉATRE DE CAMPAGNE
(Deuxième série)

CONTENANT DES COMÉDIES
DE
EUGÈNE LABICHE, GUSTAVE DROZ, EDMOND GONDINET, ERNEST D'HERVILLY,
ANDRÉ THEURIET, LE COMTE SOLLOHUB

Un volume in-18 jésus. Prix. . . . . 3 fr. 5o.

JEAN DACIER

DRAME EN CINQ ACTES, EN VERS, PAR CHARLES LOMON
Un volume in-8 cavalier. Prix : 3 fr. 5o.

LES CONVICTIONS DE PAPA

COMÉDIE EN UN ACTE PAR EDMOND GONDINET
In-18. Prix : 1 fr. 5o.

LE BIBELOT

COMÉDIE EN UN ACTE PAR ERNEST D'HERVILLY
In-18. Prix : 1 fr. 5o.

Évreux. Ch. Hérissey, imp. — 877.

www.ingramcontent.com/pod-product-compliance
Lightning Source LLC
Chambersburg PA
CBHW050037230526
45470CB00003B/1328